Mgr TOUCHET
ÉVÊQUE D'ORLÉANS

ÉLOGE

DU

CONNÉTABLE

ARTHUR DE RICHEMONT

PRONONCÉ DANS LA CATHÉDRALE DE VANNES

EN LA SOLENNITÉ DE L'ÉRECTION DE SA STATUE

PARIS
P. LETHIELLEUX, LIBRAIRE-ÉDITEUR
22, RUE CASSETTE, 22

L'auteur et l'éditeur réservent tous droits de reproduction et de traduction.

Cette brochure a été déposée, conformément aux lois, en janvier 1906.

ÉLOGE DU CONNÉTABLE
ARTHUR DE RICHEMONT

PRONONCÉ DANS LA CATHÉDRALE DE VANNES
EN LA SOLENNITÉ DE L'ÉRECTION DE SA STATUE

A chaque aube, fermant une belle nuit et ouvrant un beau jour, il se produit un phénomène céleste, le plus merveilleux qui se puisse rêver, et bien fait pour nous jeter à genoux d'extase et d'adoration devant le Créateur, supposé que sa fréquence nous permît encore de le remarquer.

Pendant tout le cours de la nuit, les étoiles ont marché régulières et brillantes, dans leur sentier qui est aussi celui de Dieu; armée dont chaque soldat se discernait, se reconnaissait, se nommait.

Mais voici qu'au Levant, une blancheur, d'abord incertaine et comme timide, se montre, et les étoiles surprises en plein éclat déjà pâlissent. Bientôt la blancheur devient foyer rougeoyant; et les étoiles pâlissent d'avantage. Enfin, l'astre souverain, le magnifique géant de lumière, ainsi que s'exprime le vieux poëte juif, se dégage dans un mouvement sublime, de son lange de pourpre et d'or; et les étoiles se sont voilées.

Au ciel de notre histoire, si j'ose me servir de cette expression quelque peu ambitieuse, il se passa plus d'une fois des événements qui rappellent le spectacle dont je viens de parler.

Ainsi, que deviennent les lieutenants de Napoléon et de Charlemagne dans le voisinage de ces capitaines? Ils disparaissent presque. Leur gloire, leur renommée, s'absorbe en une gloire et une renommée plus illustre que la leur.

Au premier quart du quinzième siècle, ce fait se produit avec une extraordinaire netteté.

Il ne manque pas alors de soldats de mérite, chez nous : Dunois, Clermont, Gaucourt, Xaintrailles, La Hire, Richemont.

Mais devant le nom d'une paysanne, d'une enfant morte, à dix-neuf ans, leur nom pâlit.

Jeanne d'Arc obscurcit tout. Toute gloire, ou s'abîme dans la sienne ou s'y subordonne. C'est elle que la mémoire du peuple garde, pour lui faire d'une fidélité déjà cinq fois séculaire, le plus parfait et le plus prodigieux des hommages. C'est elle que la poésie, le marbre, le bronze, chantent à l'envi.

Oh! je ne m'en plaindrai pas. Jeanne est mon amie. Je lui ai voué le plus sincère et le plus vivant de moi. Dans mes heures de solitude, elle est ma compagne; dans mes heures de déboire, elle fut ma consolatrice.

Mais si fort que je l'aime, je ne ferai nulle difficulté de reconnaître que, probablement, ses compagnons d'armes lui ont été quelque peu sacrifiés.

L'astre virginal a trop éclipsé les étoiles de son cortège.

De ses camarades de bataille d'ailleurs, celui qui mérite le mieux de vivre et de se faire voir à côté d'elle, c'est votre connétable de Richemont.

Vous pensâtes donc bien de lui élever une statue. L'honorer c'est rendre un culte au courage, à la loyauté, à l'honneur. C'est rendre un culte à la petite Patrie, votre fière Bretagne, et à la grande, notre chère France.

Pour cela seul je serais heureux de m'associer à vos solennités. J'ai d'autres motifs de sentir ainsi.

D'abord, je n'aurais pas su décliner l'invitation de M. le sénateur-maire de Vannes[1]. Il est de ceux dont le caractère et les services rendus à de chères causes appuyent si énergiquement les requêtes, qu'il devient difficile de les écarter.

Puis, appartenant par mes origines à cette Normandie que délivra Richemont, le tribut que je vais payer à sa haute mémoire n'est en vérité qu'un tribut de justice.

Enfin pourquoi m'en taire, Messieurs? Débiteur de tous par la loi de notre commun sacerdoce, rien ne pouvait m'être plus agréable que de venir exercer mon apostolat, au milieu d'un peuple dont la foi est si profonde, et d'un clergé dont la vaillance est si renommée.

Une tristesse, cependant, m'a saisi, en entrant dans votre cathédrale. Elle m'est venue de cette chaire épiscopale vide et veuve du prélat excellent que vous avez perdu, il y a tant de mois déjà. Avec

---

1. M. le Sénateur Riou.

vous, Messieurs, je supplie Dieu de donner bientôt à cette vénérable Église, un évêque digne d'Elle, digne de vous, digne des circonstances périlleuses qui inquiètent notre présent, qui probablement crucifieront notre avenir, mais qui n'abattront ni notre dévouement à la Patrie, ni notre fidélité à Jésus-Christ.

Et, ces paroles étant prémises, je commence l'éloge d'Arthur, duc de Richemont, connétable de France, duc de Bretagne.

I

Né sur la fin du xiv° siècle, Richemont a vécu dans la première moitié du quinzième. De ses soixante-cinq ans d'âge environ, il en usa cinquante en chevauchées de guerre, en assauts, en prises de villes, en négociations parmi les pires intrigues, et... il demeura un honnête homme.

Un honnête homme pensera quelqu'un : un honnête homme? Petit éloge pour commencer.

Ce quelqu'un est-il bien certain de penser juste?

Un honnête homme! Un homme qui rend à Dieu son dû; qui obéit à sa conscience; qui connaît son devoir et l'accomplit; qui n'opprime pas le faible; qui ne tend pas de piège à l'innocent; qui est incapable d'une bassesse pour obtenir une dignité, une distinction convoitées; qui ne trahit pas l'amitié, ou la parole donnée; qui ne prend à son prochain ni sa fortune, ni sa réputation, ni sa paix, ni son honneur, ni sa liberté; qui n'abdique jamais rien de son Droit, sachant que le Droit est la joie et la force du monde ; un homme qui sait se taire quand il faut se taire, garder son secret et le secret d'autrui, qui sait agir et entrer dans l'inertie ; qui sait croire avec prudence, mais aussi affronter le danger avec courage ; un homme que la mort même ne détournerait pas de la droite route : cet homme ! cet honnête homme vous imagineriez qu'il est commun, qu'il se rencontre à chaque buisson du chemin ?...

Hélas ! que l'histrion, le menteur, et le lâche sont plus communs que l'honnête homme.

Veuillez d'ailleurs considérer la période historique à laquelle je vous reporte.

C'est le dernier quart de la guerre de Cent ans. La violence et la démence règnent partout. Les princes s'assassinent en sortant de la table du Seigneur où ils se partagèrent l'Hostie. Sur les routes, emportant leur pauvre bétail, leur poignée de blé, leurs enfants apeurés, les paysans s'en vont souvent en longues files, fuyant la guerre, l'horrible guerre que mènent des soudards féroces et nécessairement impunis. Les féodaux parjures et traîtres n'ont qu'un souci, s'agrandir, dut la France y rester. « Je l'aime tellement, disait ce Bourguignon, que d'une je voudrais en faire quatre ! » Nul remords du reste chez ces bandits, bandits de grands chemins ou bandits de châteaux crénelés. Ils estiment leur sort enviable et si beau qu'il devient digne de la Divinité... « Si Dieu revenait sur terre, il se ferait pillard », témoignait La Hire, qui n'était pas le plus mauvais, au milieu de son monde.

Richemont fut quelquefois un violent. Il n'eût pas eu du sang de Montfort dans les veines; peut-être faut-il dire, il n'y eût pas eu du robuste sang breton, s'il eût été toujours un impassible ; mais en dépit des excitations de sa nature et de sa race, oui! il demeura honnête, en un temps qui avait désappris l'honnêteté.

Si vous voulez vous former sur ce point un premier jugement, sommaire, j'en conviens, informé cependant, considérez ses amitiés, principalement ses amitiés féminines.

La femme qui n'est ni légère, ni vaine, ni sotte se lie plus difficilement que l'homme. Les contacts, les promiscuités d'affaires n'ont pas émoussé les arrêtes vives de sa susceptibilité naturelle. Elle a la poignée de main plus ombrageuse que nous. Sa perspicacité plus aiguisée que la nôtre est moins facilement trompée par les apparences, elle va plus au vif des réalités.

Or les amitiés féminines de Richemont furent très dévouées, très ferventes, mais aussi nobles que dévouées et ferventes.

Sa première épouse, Marguerite de Bourgogne, d'abord mariée au Dauphin duc de Guyenne, ne pensa pas trop déchoir en donnant sa main au connétable. C'était une auguste, et patriote, et courageuse princesse.

La grand'mère de ces héros de quinze ans les deux Laval, les mêmes qui virent de leurs yeux éblouis, et décrivirent d'une plume si alerte et attentive Jeanne montée sur un cheval blanc, vêtue d'une cuirasse, hache d'armes en main, cette grand'-mère donc, la noble veuve de Bertrand du Guesclin, s'attacha fortement, elle aussi, à Richemont.

Puis, ce furent Jeanne de France, qui n'oublia jamais, chez vous, la race dont elle était sortie; puis la seconde femme de Philippe, duc de Bourgogne, qui aida le connétable dans la négociation du traité d'Arras; puis la plus désintéressée, la plus sage, la plus vertueuse des reines, Yolande de Sicile.

Enfin, au-dessus de celles-là et de plusieurs autres que j'omets, il sut se gagner l'enfant incomparable, unique, pure à ce point que les saintes du paradis la baisèrent au front, douce à ce point que sa vue seule réconfortait merveilleusement le pauvre monde, courageuse et simple à ce point qu'on pouvait supposer qu'elle portait deux cœurs dans sa poitrine, un cœur de vierge et un cœur de lion, aimée de Dieu à ce point qu'il lui accorda toutes les gloires, sans oublier celle du martyre, Jeanne d'Arc !

Leur première rencontre est parfumée de je ne sais quelle antique et chevaleresque beauté.

C'est à Beaugency. Le connétable est accouru au canon. On se bat sur les bords de la Loire; il veut en être. Mais le roi qui le tient en disgrâce ne veut pas qu'il en soit. D'Alençon est d'avis qu'il faut lui barrer la route. Le sang de France une fois de plus coulera par la fureur des Français.

Jeanne voit le danger; elle s'interpose et se charge de négocier avec Richemont.

Bientôt ils furent en présence. « Jeanne, dit le connétable, on me rapporte que vous voulez me combattre. Je n'en crois rien. Je ne sais encore si vous êtes venue de Dieu ou non. Si vous êtes venue de Dieu, puis-je vous craindre, puisque Dieu sait mon bon vouloir ? Si vous veniez du Diable, je vous craindrais moins encore. » Et l'enfant de reprendre — « Messire, ce n'est pas moi qui vous ai appelé, mais puisque vous êtes venu, soyez le bienvenu. » Et le soir même Richemont et ses Bretons furent chargés de faire la garde autour de Beaugency assiégé. « Jamais plus beau guet, conclut un chroniqueur, ne s'était fait en France depuis longtemps. »

A dater de ce jour ces deux braves cœurs s'entendirent; et quand, à Sully, le connétable dut se séparer de l'armée royale; quand il dut laisser passer, sans y prendre part, l'épique chevauchée qui menait Charles VII à Reims, je me doute assez qui eut le plus profond chagrin.

Parmi les hommes, tous les honnêtes gens eurent foi en Richemont. Henri V d'Angleterre tenta de se l'attacher soit par terreur, soit par persuasion. Les docteurs de l'Université de Paris le choisirent pour arbitre. Charles VII, devenu enfin Charles VII, Charles le victorieux, l'honora. Pie II l'aimait.

En revanche tous les coquins le détestèrent. Le sire de Giac débauché, cupide; La Trémouille, l'usurier formidable; Regnaud de Chartres, l'intrigant; Flavy, le bandit; les capitaines pillards.

De pareilles sympathies et de pareilles colères sont un bon signe. Il n'y a qu'un honnête homme pour encourir celles-ci et mériter celles-là.

Ces premières inductions se trouvent justifiées par toutes les attitudes du connétable : attitude de politique, attitude de parent, attitude de duc.

Le problème diplomatique d'alors, celui qui dominait tous les autres, c'était la dénonciation de l'alliance entre la Bourgogne et l'Angleterre. Isoler l'Angleterre de la Bourgogne, obtenir de celle-ci au moins la neutralité, c'était rejeter l'anglais dans son île, presque immanquablement.

Jeanne avec sa finesse d'inspirée l'avait bien vu. C'est pourquoi, le soir du sacre, alors que l'écho des acclamations populaires tonnait encore dans la cathédrale, elle écrivit au duc de Bourgogne la lettre fameuse qui commence par ces mots : « Haut et redouté Seigneur, Duc de Bourgogne, Jeanne la Pucelle vous demande, au nom du roi du ciel mon légitime et souverain Seigneur, de faire, le roi de France et vous, bonne paix solide et durable. Oui, prince de Bourgogne, je vous prie, je vous supplie, de ne plus guerroyer contre le saint royaume de France. » Et le reste qui est sublime jusqu'à la fin.

Jeanne échoua.

Richemont reprit, à son heure, la négociation; et elle aboutit.

Ce n'était guère son intérêt cependant. Il n'ignorait point que Henri VI lui eût rendu volontiers son duché de Richemont en Angleterre et son comté d'Ivry en Normandie, que même il l'aurait fait connétable, supposé qu'au lieu d'aplanir les difficultés il en eût créées.

Mais sa conscience se refusait à cette diplomatie. Le bien public ne la permettait pas. Richemont écouta sa conscience et le bien public; et le traité d'Arras qui faisait une certaine paix entre la France et la Bourgogne, fut signé.

Pour demeurer fidèle à sa parole et à son roi, il consentit dans la guerre de la Praguerie à se séparer de ses proches, de ses amis, de ses compagnons d'armes; à guerroyer contre eux, à les battre, à les écraser.

Un jour même le connétable joua par loyauté le duché de Bretagne.

Entendez bien, je dis le duché de Bretagne. C'était le duché héroïque; le duché où l'on buvait son sang pour étancher sa soif; le duché du combat des Trente; le plus vaste réservoir de soldats d'alors. Une noblesse pauvre, mais intrépide, peuplait vos paroisses. Vous aviez de grandes et belles villes: Rennes, Vannes, Nantes, Dol, Saint-Brieuc, Saint-Malo, bien d'autres. Au milieu de vos landes se dressaient de saints moutiers. Vos côtes infinies, poissonneuses mais périlleuses, nourrissaient de nombreux matelots. Terriens, marins, chevaliers étaient fidèles à leur souverain.

fous de son indépendance, source et garantie de la leur.

La couronne ducale de Bretagne était moins fleuronnée que la couronne de France ; mais presque aussi belle; en tout cas, moins doublée d'épines.

Or deux vies seulement en séparaient Richemont, et deux vies que l'on savait frêles.

Tentation toujours ce voisinage d'une couronne. Si Richemont fut tenté, sa tentation eut le sort que devrait subir toute tentation : elle fut vaincue.

Il advint en effet que des deux vies l'une fut menacée.

Gilles de Bretagne fut emprisonné par son frère le duc François.

Peu après, dans un accès de délire, François laissa entendre qu'il serait heureux d'être débarrassé de Gilles. Il se trouva trop facilement des mains scélérates pour exécuter un vœu fratricide. Gilles fut empoisonné puis étranglé dans sa prison.

Or le duc François se trouvait alors dans le voisinage du mont Saint-Michel « au péril de la mer ». Il y alla en pèlerinage et, hypocritement, fit réciter pour son frère les prières des morts. L'office terminé, il descendit de la sainte forteresse.

Lance haute, cuirassé, il s'avançait sur son lourd palefroi, lorsque là-bas, sur la grève pâle et brûlée par l'été, il aperçut quelqu'un debout, immobile, attendant. Le duc marcha vers lui. C'était un Franciscain dans sa bure. « Duc, dit le pauvre de Jésus-Christ, j'ai entendu la dernière confession de ton frère Gilles ; il te cite à comparaître au tribunal de Dieu, dans quarante jours. Que le ciel ait pitié de ton âme! » Quarante jours plus tard, François le fratricide mourait dans vos murs.

Légendaire ou historique, la citation du Franciscain ne fut pas le premier reproche qui mordit la conscience du duc. Richemont avait tout épuisé: adjurations, supplications, menaces, pour obtenir l'élargissement du prisonnier. Quand il apprit sa fin, il ne put retenir une terrible colère. Il garda de cette tragédie domestique le plus poignant souvenir. On raconte que, monté sur le trône ducal, la pensée de Gilles le poursuivait, et l'enveloppait d'une si profonde mélancolie, que tout de la souveraineté lui était devenu un écrasant fardeau.

Quand un homme mêlé aux grandes affaires a passé une existence de scrupuleux, souvent Dieu prépare quelque événement, quelque coup de lumière suprême, qui consacre son honnêteté, la fixe dans l'histoire, et lui marque pour jamais sa place dans le cœur des générations.

Richemont connut le bénéfice de cette loi.

Duc de Bretagne depuis peu de temps, il s'était rendu à Vendôme où Charles VII avait assemblé les pairs de son royaume afin de juger le duc d'Alençon poursuivi pour félonie.

Le procès alla vite; ce qui nous importe peu, sinon pour dire, qu'à peine fut-il conclu, le nouveau duc fut cité à faire hommage au roi pour son duché de Bretagne, sa pairie de France, et son comté de Montfort l'Amaury.

Un 14 octobre donc, à neuf heures, la grande salle des assises royales de Vendôme réunissait la plus noble assemblée qu'il fût possible de voir.

Le roi Charles le Victorieux sur son trône ; autour de lui Dunois, le célèbre bâtard d'Orléans, le bailli de Touraine, le comte d'Eu, le chancelier de France, le chancelier de Bretagne, le comte d'Étampes, le comte de Laval, cent autres.

Dunois faisant fonction de hérault d'armes appela. « Monseigneur de Bretagne, dit-il, vous êtes devenu l'homme du roi, mon souverain Seigneur ici présent ; voulez-vous lui faire hommage lige à cause de votre duché ? Voulez-vous lui promettre foi et loyauté ? Voulez-vous le servir envers tous qui peuvent vivre et mourir. Otez votre ceinture. »

L'hommage lige se prêtait en effet sans épée et à genoux.

Mais le Duc de Bretagne demeurait debout et l'épée au côté. Et s'adressant directement au roi. « L'hommage, dit-il, que mes prédécesseurs vous ont fait, je le fais ; et ce n'était pas l'hommage lige. Mon duché de Bretagne ne fut jamais de la couronne de France. L'hommage ne peut donc être lige. »

Or le roi dit : « Comme vos prédécesseurs nous ont fait hommage, vous nous faites hommage ? »

— « Oui, mais cet hommage n'est pas lige ».

Le chancelier des Ursins tenta d'intervenir, mais le roi ferma la discussion. « Assez, dit-il.

Celui-ci sait ce qu'il a à faire, et l'on doit s'en rapporter à lui. »

Et le duc de Bretagne, debout, retenant son épée, souverain plus faible traitant avec un souverain plus puissant, souverain tout de même, donna le baiser au roi.

« Celui-ci sait ce qu'il a à faire, il faut s'en rapporter à lui » !

Le roi, quand il porta ce jugement, voyait-il, sur le front du guerrier blanchi avant le temps, l'auréole auguste de soixante années d'intégrité indiscutée, de loyauté sans tache, de désintéressement sans ombre, de prudence sans mélange de duplicité, de justice parfois rude mais toujours exacte? Apercevait-il les hommes de toute condition sociale qui s'étaient confiés à ce cœur, ducs et chevaliers, reines et nobles dames, prêtres et prélats, bourgeois et ouvriers, reitres et lansquenets, garantissant ainsi la moralité supérieure du connétable? Voyait-il, le roi, ces figures de révoltés de la Praguerie parmi lesquelles son beau-frère Bourbon, son cousin d'Alençon, Vendôme, Dunois, son fils, le Dauphin Louis, dominés par une seule figure de fidèle, Richemont? Se retrouva-t-il lui-même dans dans ce cortège immense tantôt hostile tantôt ami ; obligé cependant de confesser qu'il n'avait jamais eu à se plaindre d'avoir suivi les sentiers ouverts par le rude Breton? Oui le roi revoyait-il tout cela? Pourquoi pas? L'âme n'a-t-elle point de ces clairs et rapides regards qui lui permettent de saisir d'un coup et de juger d'un mot toute une vie?

Quoiqu'il en soit, la parole du souverain c'est l'honnêteté de Richemont sanctionnée, recevant des lettres patentes, et faisant irruption dans l'Histoire. Désormais la postérité pensant à lui ne pourra se refuser à dire :

Celui-ci fut un grand honnête homme. Il sut, en tout ce qu'il avait à faire; « il fallait s'en rapporter à lui ».

II

Vous avez déjà compris, Messieurs, que Richemont fut autre chose qu'un honnête homme. Vous l'avez vu, — parlons exactement, — vous l'avez entrevu négociant et bataillant, sans trêve ni repos; car, pour dire vrai, il se pourrait discuter s'il fut plutôt diplomate ou plutôt guerrier.

Cependant, sa diplomatie ayant eu ce double caractère de toute diplomatie véritable et féconde, d'avoir été toujours au service de son épée, comme aussi d'avoir toujours été servie par son épée ; d'autre part l'histoire l'ayant appelé « le connétable », je me sens autorisé à soutenir que le caractère spécifique de Richemont fut de s'être élevé jusqu'au premier rang des grands soldats.

Nul n'ignore que plusieurs présentement prisent peu cette qualité. Ces messieurs-là traitent volontiers les soldats de massacreurs ; et les massacreurs ne leur disent rien de bon. Le hâbleur de parlement, ou de club, ou de place publique, suffira certainement à garder la frontière. Aussi bien pourquoi une frontière? Que nous importent les barrières en deçà desquelles on est Français, et par delà lesquelles on est Belge, Italien, Allemand? Que nous importent de nous coucher Républicains de France et de nous relever sujets d'un César ou d'un Roi? que nous importe qu'il demeure une France? Ce qui nous importe, entendez-le : Plus de patries, plus de drapeaux, plus de soldats!

L'égoïsme et la haine ont seuls une Patrie,
La fraternité n'en a pas.

Et voilà!

Eh bien de ces métaphysiciens de l'antipatriotisme et de la couardise, nous ne sommes pas.

Nous savons que le Christ aima sa patrie jusqu'à pleurer sur elle, presque la seule fois qu'il a pleuré. Et nous estimons qu'en cela comme en tout, il nous a donné l'exemple.

La France d'ailleurs mérite tant d'être aimée! Lorsque nous méditons son passé n'est-ce pas comme un éblouissement qu'elle verse en nos esprits? Elle nous apparaît debout, sublime, triomphale, sur un char de lauriers; lauriers des lettres, lauriers des arts, lauriers de la science, lauriers des batailles, lauriers de l'éloquence, lauriers de la poésie, lauriers de la charité. Pour les lui jeter, à plein cœur, à pleine mains ses fils les plus augustes, les écrivains de génie, les peintres, les statuaires, les architectes de génie; les savants de génie; les capitaines de génie; les orateurs de génie; les charitables de génie; Gaston de Foix, Condé et Bonaparte; Berryer et Bossuet; Corneille, Racine et Hugo; Lavoisier et Pasteur; Fouquet et Poussin;

Vincent de Paul, la sœur Rosalie, et le Pailleur, ont dépouillé l'arbre sacré.

Quand je songe à l'avenir d'un pareil pays je ne puis me résoudre à le voir finir. Quoiqu'ils en disent, il manquerait trop à l'humanité. Je ne réussis point à me représenter les quatre planches qui le renfermeraient, ni les plombages sous lesquels il serait scellé, ni la pierre sur laquelle on écrirait : cy-git la France... Cy-git la France! Non! Non! La France, nous savons ses annales : ses maladies peuvent être dangereuses ; elles ne sont jamais mortelles. Ainsi pensons-nous, ainsi espérons-nous, ainsi attendons-nous!

Et pour ce qui est de toi, Drapeau tricolore, dès que tu passes à la tête des régiments mon cœur bat plus vite. Je ne sais quelle chaleur sacrée coule dans mes veines. Un innombrable essaim de souvenirs formidables et doux m'apparait, vivant, chantant, parmi la joie héroïque de tes plis de rose, d'azur et de lys. Je te trouve beau. Je te trouve grand. Je voudrais crier qu'il t'appartient d'être admiré et respecté de l'Univers. O mon Drapeau! Je ne souhaite pas te voir troué de balles, rouge de sang : le ciel m'est témoin que je ne souhaite pas cela. Cependant si les destins le voulaient, ah, ne recule point! couvre la frontière, avance victorieux! que devant toi tout rompe et plie..... Mais, Messieurs, qui donc le tiendrait, qui donc le porterait en avant, qui donc repousserait et romprait tout devant lui?... Le soldat, et au péril de sa vie!

Laissez dire les fous, Messieurs, laissez dire. La guerre est exécrable, le soldat qui défend la France et porte le drapeau est admirable !

Richemont fut un grand soldat.

La Bretagne de ce temps en compta trois qui furent, presque coup sur coup, les chefs suprêmes de l'armée Française : Bertrand Duguesclin, Olivier de Clisson, Arthur de Richemont.

Des trois quel est le plus grand ?

Écartons Olivier de Clisson : non que le capitaine qui dirigea les campagnes de 1382 et 1383 soit à dédaigner : mais il n'a pas marqué l'histoire du rayon qu'y ont mis les deux autres.

Duguesclin est plus éclatant que Richemont. Il est plus enveloppé dans la légende, la légende qui mord, presque seule, sur la cervelle populaire. Tout de lui y contribue, parce que tout de lui est contrastant. Son extraction modeste contraste avec sa haute fortune ; sa laideur physique avec son génie ; ses camaraderies de reître avec ses allures chevaleresques ; ses victoires de Cocherel et de Pontvallain, avec ses défaites d'Auray et de Najera ; ses inlassables chevauchées avec ses captivités ; ses tournois de jeune chevalier, brisant toute lance, excepté la lance paternelle devant laquelle il s'incline respectueux et modeste, avec ses bons tours de lion subitement devenu renard. Certains de ses mots ont défié les siècles. Il fixe lui-même à cent mille écus d'or sa rançon. Et comme Chandos s'en étonne : « Sachez, dit-il, qu'il n'y a femme de

France qui ne filât une quenouille pour moi ». Cette parole a du panache, si j'osais dire ; elle sent son cadet de Gascogne plus qu'un cadet de Bretagne. On la dirait éclose sur des lèvres qui ont goûté les eaux de la Garonne plutôt que celles de la Rance. Telle qu'elle est elle ne nous déplaît point. Rien de Duguesclin ne nous déplaît. Bien breton de Bretagne, il est de pied en cap Français de France.

Richemont est moins saisissant, moins empoignant. Néanmoins, n'est-il pas plus grand ? Son œuvre ne fut-elle pas plus utile que celle de Bertrand Duguesclin ? Eh bien, tout parti pris de panégyriste mis de côté,... je le crois.

Il aima passionnément son métier. Il en connut les derniers secrets. Par une ressemblance curieuse avec Jeanne d'Arc il fut un habile manœuvrier d'artillerie. A l'occasion il s'improvisait ingénieur, creusait des fossés, mettait des batteries en place, comme devant Cherbourg. Il savait pousser des raids de cavalerie, comme le matin de Formigny. Il aida Charles VII à organiser son armée permanente et ses réserves ; compagnies de grande ordonnance, de petite ordonnance, francs-archers. La guerre, juste et utile, le passionnait tellement qu'il ne reculait même pas devant l'humiliation pour avoir le droit de la faire. Ainsi, cet honnête homme ne pouvait se tromper sur La Trémouille. Il le savait haineux, usurier, concussionnaire, lâche. N'importe, il savait aussi que le roi, aveugle et faible, s'en remettait à lui de décider si, oui ou non, le connétable prendrait sa part de la campagne de la Loire. Quoiqu'il n'eût donc personnellement que des coups à recevoir, il crut digne de lui-même de se réconcilier, quelque prix qu'il y dût mettre, avec son ennemi. « Dites à messire de La Trémouille, écrivait-il, que s'il le faut je lui baiserai les genoux ».

Richemont, connétable de France, aux genoux de La Trémouille... Oui, pour la France, pour l'armée, il eût fait cela !

Son épée de connétable lui fut chère autant que sa couronne de duc. Quelqu'un qui lui observait, quand il fut monté sur le trône de Bretagne, qu'il était devenu de trop haute dignité pour la conserver : « Non, répondit-il, elle honora ma jeunesse, que ma vieillesse l'honore. Je ne la rendrai pas ».

A ce soldat passionné le ciel ménagea du reste les plus heureuses fortunes...

Me permettrez-vous de mêler un souvenir personnel à ce discours ?

Il est, Messieurs, à quelques kilomètres de ma ville épiscopale, une plaine immense qui s'étend jusque sous Chartres. L'hiver elle est nue et silencieuse : la Beauce sommeille : on la dirait morte. Mais vienne l'avril et la dormeuse se ranime. Une poussée de blé la revêt d'une pelisse verte et drue. Bientôt luit le soleil de Juin ; et alors, à perte de vue, c'est un ondoiement d'épis qui rappelle les vagues de l'océan ; c'est, dans l'air, des effluves chaudes mêlées de senteurs de bon grain, c'est, à la ferme, les faucheurs qui préparent leur fer pour la moisson. C'est la joie. La France mangera : la Beauce lui donnera du pain.

Parfois, la parcourant, je me suis pris à penser que la fécondité de cette terre puissante lui venait du sang qu'elle a bu. Car, grand Dieu, qu'elle devrait être ivre, si le sang enivrait la terre. Des légions de César aux soldats de Guillaume de Prusse, tout envahisseur a abouti là, pour y vider ses veines et y vider les nôtres.

Toutefois, un point de ces champs est très particulièrement prédestiné. Les coups y ont été plus forts, plus répétés ; le courage y a été plus prodigue de soi ; la fortune enfin nous y a été plus souriante. C'est Patay, que touche Coulmiers. Là, même dans l'année terrible, l'année des défaites ; là, d'Aurelle de Paladines acquit les lauriers de la victoire ; là, les zouaves de Charette acquirent, quoique écrasés, autant de gloire que le général vainqueur. Là aussi, quatre siècles auparavant, les soldats de Jeanne et d'Alençon avaient vengé les désastres de Crécy et d'Azincourt. Or à la première bataille de Patay Richemont prit part avec ses Bretons. Puisqu'il participa au combat, c'est justice de le faire participer au triomphe.

Je viens de citer une fois encore le nom de Jeanne. Quelques mois seulement après Patay, vous le savez, elle était prise ; traînée de forteresse en forteresse ; internée enfin dans le château de Rouen, duquel elle ne sortit que pour monter au bûcher.

Ah ! ce qu'elle souffrit derrière les barreaux du

lourd donjon ! Où est la plume qui écrira cette passion !

Cependant il le faut savoir : Dieu ne permit pas que le forfait se consommât sans vengeance. Si l'innocente souffrit, elle rendit souffrance pour souffrance. Ses bourreaux la martyrisaient ; elle les faisait trembler.

A de certaines heures, on eût dit que l'Esprit s'emparait d'elle. Alors les rôles changeaient : devant l'agneau les hyènes cherchaient à se terrer.

Ainsi en advint-il dans l'un de ses interrogatoires. Cessant son rôle d'accusée, elle prit subitement celui de prophétesse : « Oui, leur disait-elle, mon roi reprendra son royaume, tout son royaume. Oui, les Anglais seront chassés de France, tous les Anglais. Tous en sortiront, excepté ceux qui y laisseront leurs os. Oui, la Bourgogne et l'Angleterre ne seront pas toujours alliées. Cette alliance contre nature sera rompue. Oui, avant sept ans les Anglais perdront une ville plus grande qu'Orléans. Si je ne savais ces choses, je mourrais, mais je le sais ! »

Cette journée-là les juges levèrent tumultueusement et subitement la séance ; ils en avaient trop entendu.

Je le crois bien. Mais qui donc a réalisé ces oracles? Richemont. C'est lui qui a dégagé la parole de Jeanne, et terminé son œuvre. Richemont est son continuateur, son frère d'armes. Il serait son émule, si quelqu'un pouvait être son émule.

En 1435, il signe le traité d'Arras : la Bourgogne s'était déprise de l'Angleterre.

A peine les signatures sont-elles échangées entre le Bourguignon et lui, sans un jour de retard, surtout sans un regret pour les réjouissances qui vont commencer, il ouvre sa superbe campagne de l'Ile de France.

Par lui-même ou par ses lieutenants il prend Senlis, Saint-Denis, Pontoise, Vincennes, Corbeil, Saint-Germain-en-Laye, Melun, Lagny. Entre temps il expédie Xaintrailles, d'Alençon, Lohéac en Normandie pour surveiller Henri VI d'Angleterre, qui, dit-on, va venir menacer nos côtes. Il occupe la Seine, la Marne, l'Oise, toutes les avenues d'eau par où s'approvisionne Paris.

Paris ! il veut Paris qui est anglais depuis dix-huit ans ; Paris que Jeanne d'Arc eût pris, si La Trémouille et Regnaud de Chartres, traîtres au roi, traîtres à la Patrie, ne l'avaient fait enlever de force du pied des remparts ; Paris qui avait crié : Vive Henri de Lancastre roi de France et d'Angleterre ! et qui doit crier : Vive Charles VII roi de France ! Paris tête et cœur du pays ; Richemont veut reprendre Paris.

Le roi est à Poitiers. Le connétable y court. Il faut faire en hâte, dit-il, une « entreprise », contre Paris. L'heure est venue. Le roi approuve. Il lui donne pour l'aider tous les princes du sang qu'il a sous la main : le duc de Bourbon, le comte de Vendôme, le duc d'Anjou. Mais ceux-ci ont à peine fait un jour de marche, que le mal de la cour les prend : ils retournent sur leurs pas. Soit. Richemont ira seul. Le voici de nouveau dans l'Ile de France.

Le dimanche des Rameaux 1436, il concentre ses troupes à Pontoise. Toute la semaine sainte il les tient en formation. Le vendredi saint, le jour de Pâques, le lundi de Pâques, il prie. Le mardi il bat les Anglais à Saint-Denys.

Les Parisiens voient la bannière du connétable. Ils aperçoivent les bombardes qu'il met en position. Dix bons Français sentent la délivrance possible. « Nous sommes dix, écrivent-ils, au connétable, qui vous ouvrirons la porte Saint-Michel ou la porte Saint-Jacques ». N'était-ce pas une embuscade ? Le connétable n'y regarde pas de si près. Le vendredi sixième jour après Pâques, il heurtait à la porte Saint-Jacques.

« Qui est là ? » dit une voix de l'intérieur.

— « Monseigneur le connétable. »

— « Garantissez-vous à Paris l'amnistie et le respect des propriétés ? »

— « Oui. »

Une porte basse s'ouvrit silencieuse, discrète.

Et dans sa capitale, la France rentra !

Vive la Bretagne ! et vive Richemont !

« Le gage plus grand qu'Orléans » était perdu par les Anglais.

Le terrible preneur de villes se remet en campagne. Il s'empare de Malesherbes, de Creil, de Montereau, de Meaux.

Puis ce sont les mois cruels de la Praguerie. Les Français se retrouvent en guerre avec les Français. D'un côté le roi et Richemont; de l'autre le Dauphin (Louis XI demain !) avec

Dunois, d'Alençon, Bourbon, Vendôme. Le roi et le connétable réduisent les révoltés.

Enfin l'apothéose du glorieux soldat approche. Après quatre ou cinq ans de paix douteuse entre la France et l'Angleterre, la guerre éclate de nouveau. Richemont se tourne vers la Normandie. Il force Coutances ; puis Saint-Lô ; puis Valognes ; puis Gavray. Puis il retourna prendre ses quartiers d'hiver en Bretagne. Au printemps il se remet en chemin. Il n'avait guère que deux mille hommes avec lui. Mais son grand cœur lui présageait d'héroïques événements.

A Tugdual de Kermoisan, son vieux compagnon qui ne pouvait l'accompagner jusqu'au bout, il disait doucement : « Ami, je ne te vis jamais jusqu'à ce jour empêché de bonne besogne. » — Et le capitaine regardant la poignée d'hommes qui marchait derrière eux, de répondre : « Monseigneur, vous ne combattrez pas. — Tu te trompes, ami, fit gravement le connétable. Je voue à Dieu que je verrai les Anglais, avant de retourner ! »

Il était plus près d'eux qu'il ne pensait.

Fidèle à sa vieille tactique d'aller droit à l'ennemi, il s'avançait par Dol, Coutances, Saint-Lô, marchant sur Carentan. Il entra dans Carentan le 15 avril 1450.

A l'aurore du 16, des paysans viennent lui dire que l'Anglais Kyriel est aux prises avec le duc de Clermont et que, deux fois plus fort, il l'écrasera.

Aussitôt le connétable de donner l'alarme, de lever le camp et de courir bride abattue sur Formigny.

Quand il arriva, les nôtres en effet se débandaient : les Anglais « leur faisaient cruel outrage », dit un vieil historien. A peine Richemont a-t-il mis ses troupes en bataille que les choses changent d'aspect. Sa petite armée prenant en flanc les bataillons anglais, y jette la confusion. Ceux-ci terrifiés lâchent pied. Ils essaient de trouver abri dans leur camp. Leurs célèbres archers, ces archers qui nous avaient battus jadis à Poitiers et Azincourt, tentent un suprême effort. Tout est vain. Les nôtres enlèvent les derniers retranchements. La fuite même ne sauva pas les vaincus. L'armée anglaise fut anéantie. Seul Mathieu Goth, avec une petite troupe, put gagner Bayeux.

La victoire de Formigny délivrait la Normandie.

Le roi n'aura plus affaire qu'à la Guyenne, car là seulement il y a encore des Anglais. Mais pour ce dernier travail, il a les mains libres; libres en Bourgogne, le connétable l'a réconcilié avec son Duc; libre dans l'île de France et la Champagne, le connétable les lui a rendues; libres à Paris, le connétable le lui a ouvert; libres en Normandie le connétable la lui donne; libres partout, le connétable les lui a déliées. Qu'il aille donc le roi, avec le maréchal de Lohéac. Lohéac est l'élève de Richemont. Le disciple honorera le maître, et servira bien le roi.

Trois années en effet, après la victoire de Formigny, ce fut la victoire de Castillon. Talbot, âgé de quatre-vingt-quatre ans, y fut tué d'un coup de couleuvrine. Deux mois plus tard Bordeaux était pris.

Les Anglais n'avaient plus que Calais.

Tous avaient été boutés hors de France; tous excepté ceux qui y avaient laissé leurs os.

Vous souvient-il que le matin du 30 mars 1431, du haut de son bûcher, alors que la flamme montait horrible et terrible, Jeanne à grande voix avait crié. « Mes voix ne m'ont pas trompée. Mes voix étaient de Dieu » ?

Non, Jeanne, non, pure enfant, non, douce guerrière, les voix ne t'ont pas trompée. Il n'y a plus d'Anglais en France. Paris est repris. Ton roi est le roi de France. Paix à ton âme immortelle. Honneur à ceux qui accomplirent tes vouloirs et tes prophéties! Honneur à Richemont!

Prendrai-je la peine d'ajouter que cet honnête homme, que ce grand soldat fut un fervent chrétien?

Sa foi était l'armature de sa conscience morale et de son courage.

Le matin de Formigny, si pressé fût-il de rejoindre Clermont, il voulut, nouveau Philippe Auguste avant Bouvines, entendre la messe.

Il jeûnait régulièrement le vendredi de chaque semaine au moins. Il aimait purifier sa conscience par la confession. Il récitait le bréviaire.

Son premier historien Gruel nous conte ainsi sa mort. « Il jeûna les quatre temps de Noël, se confessa la veille. Le jour de la fête, il assista à l'office entier de la nuit, à la grand'messe du jour et aux vêpres. Le lendemain, jour de Saint-Étienne, il ouït la messe et dit ses heures à genoux bien dévotement, comme un bon et loyal chrétien. Le soir à sept heures, toutes les cloches de Nantes sonnèrent un glas ; les crieurs des corps parcoururent les rues, criant : Notre souverain Seigneur, le duc Arthur, connétable de France est mort. Priez pour lui ! »

Ainsi, le connétable avait reçu la mort comme il convient. L'homme qui l'avait tant bravée au cours de sa belle carrière, ne se coucha point pour la recevoir. Il se fit cet honneur de l'attendre debout. Non plus il ne se disputa point à elle. Ayant expérimenté tout de la vie, misères et grandeurs; en ayant tout vu, bassesses et sublimités, il estima que le ciel est l'unique refuge, et ses joies l'unique récompense.

Le Dieu des honnêtes gens, des grands soldats, des bons chrétiens le reçut bien.

Il faut conclure, Messieurs.

Me sera-t-il permis de le faire par une supplication à Jésus-Christ, « le droicturier Seigneur » de Jeanne et de Richemont; une supplication que l'un et l'autre auraient adressée, que l'un et l'autre adressèrent certainement, au ciel?

Me sera-t-il permis même de la justifier par une très brève considération?

Donc, Messieurs, ce qui frappe dans l'histoire calamiteuse de notre France du xiv° et du xv° siècle, — ne devrai-je pas dire dans l'histoire de la part mauvaise de tous les siècles, — c'est que tout mal provient des mésintelligences et des divisions nationales. Toute crise sortit de ce germe funeste. Au contraire, tout bien naquit de l'entente commune. Par elle, toute crise fut vaincue, et tout bien assuré.

Jeanne avait saisi cette loi ou par son instinct, son bon sens de fille du peuple, ou par l'inspiration de ses voix. C'est pourquoi « sa politique », car on peut vraiment soutenir qu'elle eut une politique, n'eut qu'un but : l'apaisement. Elle leva son étendard comme un signe de ralliement, avant de le lever comme un signe de victoire. Elle convia « tout le sang de France » à la belle entreprise de la délivrance. Ame sans colère, cœur tout d'amour, la pensée de nos discordes intestines la fatiguait, encore plus que celle de l'ennemi violant le sol sacré de la patrie.

Richemont fut bien de son école. Il n'eut rien de plus cher que son épée de connétable ; et j'ai plus d'une fois supposé que ce fut non seulement pour l'autorité qu'elle lui conférait, mais pour le symbole qu'elle était : vous savez qu'elle symbolisait tout ensemble et la protection et l'unité, conformément aux lois d'alors, de la monarchie française.

Aussi, en terminant ce discours dans lequel j'ai parlé de Richemont, mais dans lequel je ne pouvais ni ne devais oublier Jeanne, telle sera ma prière.

« Mon Seigneur Jésus-Christ! le xx⁰ siècle s'ouvre. Donnez que nul progrès ne lui manque : ni progrès politique, ni progrès scientifique, ni progrès humain. Nous fils du xix⁰ qui descendons à grands pas les pentes roides du troisième quart de la vie, nous connûmes quelque liberté ; que le XXᵉ siècle en connaisse plus que nous ! Nous voulûmes et réalisâmes quelques améliorations dans le destin des petits et des pauvres, que le XXᵉ en veuille et en réalise plus que nous ! Nous avons vu de près trop souvent les horreurs de la guerre, que le XXᵉ siècle prolonge sa carrière sous les azurs jamais troubles de la paix !

Nous ne serons pas jaloux de son bonheur : Seigneur Jésus-Christ donnez le bonheur au XXᵉ siècle.

Mais tandis que cette prière monte, sincère me paraît-il, de mon cœur à mes lèvres, un doute saisit ma raison. Si ce que je demande était chimérique, irréalisable... Surtout cette paix !... cette paix !... S'il devait y avoir encore des crises... de terribles crises...

Alors, ô Jésus, gardez aux honnêtes gens de France trois trésors sacrés : la foi, la passion du devoir, l'entente entre eux : surtout l'entente !

Il est des lieux où cette prière a plus de chance d'être exaucée : la ville de Vannes et la Bretagne en sont.

Je m'incline une dernière fois, Messieurs, devant Richemont.

Je salue les magistrats de Vannes ; les représentants élus du département, le clergé du diocèse, son peuple.

J'adresse mon admiration à la Bretagne du passé ; mon hommage à celle du présent. Dieu lui garde l'intégrité de ses vieilles croyances, et les puretés de son fier honneur !

www.ingramcontent.com/pod-product-compliance
Lightning Source LLC
Chambersburg PA
CBHW060911050426
42453CB00010B/1651